BEI GRIN MACHT SICH IHR WISSEN BEZAHLT

- Wir veröffentlichen Ihre Hausarbeit, Bachelor- und Masterarbeit

- Ihr eigenes eBook und Buch - weltweit in allen wichtigen Shops

- Verdienen Sie an jedem Verkauf

Jetzt bei www.GRIN.com hochladen
und kostenlos publizieren

Bibliografische Information der Deutschen Nationalbibliothek:

Die Deutsche Bibliothek verzeichnet diese Publikation in der Deutschen National-
bibliografie; detaillierte bibliografische Daten sind im Internet über http://dnb.d-
nb.de/ abrufbar.

Impressum:

Copyright © 2007 GRIN Verlag, Open Publishing GmbH
Druck und Bindung: Books on Demand GmbH, Norderstedt Germany
ISBN: 978-3-640-88211-3

Dieses Buch bei GRIN:

http://www.grin.com/de/e-book/169201/die-einfuehrung-des-frauenwahlrechts-in-
deutschland

Stefanie Kinast

Die Einführung des Frauenwahlrechts in Deutschland

GRIN Verlag

GRIN - Your knowledge has value

Der GRIN Verlag publiziert seit 1998 wissenschaftliche Arbeiten von Studenten, Hochschullehrern und anderen Akademikern als eBook und gedrucktes Buch. Die Verlagswebsite www.grin.com ist die ideale Plattform zur Veröffentlichung von Hausarbeiten, Abschlussarbeiten, wissenschaftlichen Aufsätzen, Dissertationen und Fachbüchern.

Besuchen Sie uns im Internet:

http://www.grin.com/

http://www.facebook.com/grincom

http://www.twitter.com/grin_com

Inhaltsverzeichnis

1. Einleitung

Seit kurzer Zeit spielt sich in der Politik eine sensationelle Entwicklung ab, da ein neuer Bundespräsident gewählt werden muss und erstmals eine Frau, Frau Professor Schimanski von der CDU, als Kandidatin aufgestellt wurde. Noch vor 100 Jahren wäre dies kaum möglich gewesen, da die Frauen damals noch nicht einmal das aktive Wahlrecht besaßen. Wie ereignete es sich nun, dass das passive und auch das aktive Wahlrecht für die Frauen eingeführt wurden? Genau mit dieser Fragestellung befasst sich die von mir erstellte Facharbeit. Natürlich kam nicht erst 1919 der Gedanke der Gleichberechtigung und Gleichheit bei den Frauen auf, sondern schon viel früher, zur Zeit der Romantik, der Kreuzzüge, des Investiturstreits und des Feudalismus, wo das Zentrum des allgemeinen Bewusstseins der religiöse Bereich war, und Europa sich in einer politisch-religiösen Aufbruchsstimmung befand, von der besonders die Frauen ergriffen wurden. Nur die Umsetzung von der Theorie in die Praxis war ein schwerer, harter und steiniger Weg, denn das Leben der Frauen hing vom Wohlwollen der Männer ab, die von dieser Idee nicht begeistert waren. So traten viele Konflikte und Probleme auf, die gelöst werden mussten. Alles begann vor über 140 Jahren damit, dass sich 1865 aus dem freiheitlich gesinnten deutschen Bürgertum Zusammenschlüsse vieler Frauen bildeten aufgrund der Zusammengehörigkeitsgefühle. Ihre Ziele waren die Gleichberechtigung auf ökonomischer, politischer, sozialer und kultureller Ebene. Bis 1933, Ende dieser Frauenbewegungen, gab es viele Frauenvereine, die diese Ziele verfolgten, darin aber zwei Hauptrichtungen, die proletarische und die bürgerliche Bewegung. Als erstes habe ich die einzelnen Begriffe des Wahlrechtes erläutert, um dem Leser auch absolutes Verstehen der Thematik zu garantieren: Definition des Wortes „**Wahlrecht**": Das Wahlrecht ist die Gesamtheit der in der Verfassung, Wahlgesetzen und Wahlordnungen festgelegten Rechtsvorschriften zur Durchführung von Wahlen. **Aktives Wahlrecht**: Unter aktivem Wahlrecht versteht man das Recht, zu wählen. **Passives Wahlrecht**: Unter dem passiven Wahlrecht versteht man das Recht, gewählt zu werden. (1)

2.Vorgeschichte:

2.1: International

In Großbritannien kämpfte Elizabeth Cady Stanton während ihres Lebens 1815- 1902 für das Frauenwahlrecht und organisierte 1848 den ersten Frauenrechtskongress. In Großbritannien erhielten die Frauen 1869 schon das Gemeindewahlrecht und 1867 wurde ihnen der Zugang zu Universitäten geöffnet. Dort kämpften die Suffragetten, radikale Mitglieder der Frauenbewegung durch Hungerstreiks, Demonstrationen und gewaltsame Aktionen für die Gleichberechtigung, als die Regierung 1911 das Frauenwahlrecht nicht gestatten wollte. 1928 erhielten sie dann das Wahlrecht. Wegen ihrer gewaltsamen Auseinandersetzungen wurden sie weltweit bekannt. Verhaftung englischer Frauenrechtlerinnen (1911) Während der frz. Revolution entstanden in Frankreich die revolutionären Frauenclubs (ähnlich denen aus Deutschland um 1848). Durch die Umwälzungen der industriellen Revolution bekamen die frz. Frauenvereine Antriebskräfte. Seit Mitte 1970 entstehen auch in zahlreichen Ländern der dritten Welt Bewegungen, da auch dort die Frauen erheblich in wirtschaftlicher, sozialer, rechtlicher und politischer Hinsicht benachteiligt sind. Durch den Unabhängigkeitskrieg wurde in Amerika, 1777-1783, das politische Selbstbewusstsein der Frauen in den USA geweckt, doch erst im 20. Jahrhundert wurde ihnen das Frauenwahlrecht in allen Staaten gestattet. Allgemein hatten die Frauen international gegen dieselben Vorurteile wie in Deutschland zu kämpfen. Überall bildeten sich Frauenvereine und Frauenbewegungen. Insgesamt haben die Leistungen einiger bedeutender Frauen in der ganzen Welt Vorurteile widerlegt und der Frau Anerkennung eingebracht, wie zum Beispiel der Österreicherin Berta von Suttner. Sie gründete eine internationale Bewegung für den Frieden in der Welt, da sie erkannte, wie sehr die neuen Rüstungen den Weltfrieden bedrohten. (1) Die Durchsetzung des allgemeinen Wahlrechts in den europäischen Staaten erstreckt sich auf das 19. und 20. Jahrhundert. So war in Großbritannien die Entwicklung zum allgemeinen Wahlrecht für Männer und Frauen nach mehreren Reformen (1832, 1867,1884) im 1918 abgeschlossen. In Frankreich wurde während der französischen Revolution 1791 ein Zensuswahlrecht eingeführt, 1848 das allgemeine Wahlrecht für Männer, 1944 auch das für Frauen. Ein Teil der deutschen Staaten schuf nach 1814 ein beschränktes Wahlrecht; auf Reichsebene galt seit 1867 / 71 das allgemeine Wahlrecht für Männer, nach der Novemberrevolution 1918 auch für Frauen. In Österreich wurde1907 das allgemeine Männerwahlrecht, 1918 auch das Frauenwahlrecht verwirklicht. Die Schweiz führte auf Bundesebene das allgemeine Wahlrecht für Männer endgültig 1848 ein, das Frauenwahlrecht 1971.

Einführung des allgemeinen Frauenwahlrechts:

1861:	Australien	1921:	Schweden
1869:	Wyoming (USA)	1922:	UdSSR
1869/1931:	Spanien	1928:	Großbritannien
1906:	Finnland	1934:	Türkei
1913:	Norwegen	1945:	Jugoslawien
1917:	Sowjetunion	1946:	Frankreich, Italien
1918:	Dänemark, Polen, Österreich		Rumänien
1918/1922:	Irland	1947:	Japan, Südafrika
1918:	Deutschland,	1948:	Belgien
1919:	Luxemburg,	1952:	Griechenland
	Niederlande, Ungarn, USA	1971:	Schweiz
1920:	Tschechoslowakei	1974:	Portugal (2)(3)

2.2: National

Wird der Beginn der Frauenbewegung, die 1894 dem „Bund deutscher Frauen" beitrat, im Jahre 1865 durch die Gründung des ersten allgemeinen deutschen Frauenvereins von Louise Otto-Peters und Augusta Schmidt, der anfangs aus 34 Mitgliedern bestand und sich vor allem mit Fragen der Frauenarbeit und Frauenbildung beschäftigte (Mutterschutz für Arbeiterinnen; bessere Bildungschancen; Chancengleichheit im Beruf, gleicher Lohn für gleiche Arbeit und das Wahlrecht für Frauen), festgelegt, so liegen die Ursprünge jedoch im Jahre 1843. Erstmals wurde gefordert, „Die Teilnahme der Frauen am Interesse des Staates ist nicht ein Recht, sondern eine Pflicht" und dazu 1847 ergänzt: „Selbständig müssen die deutschen Frauen werden, nur dann werden sie auch fähig sein, ihrer Pflicht, teilzunehmen an den Interessen des Staates, immer und auf die rechte Weise nachzukommen. Diese Selbständigkeit kann nur durch individuelle Bildung gefördert werden, denn nur ein selbständiges Herz führt zu selbständigem Handeln". Probleme lagen offen zutage: wirtschaftliche Notlage der unverheirateten Töchter der Mittelschicht; geistige Leere und Nutzlosigkeit der Existenz der Frauen des gehobenen Bürgertums; Einbindung der Frauen in ein Netz von Konventionen, das Bildung und Berufstätigkeit behinderte und erschwerte. Zwar gab es auch Männer, die die wirtschaftlichen Schwierigkeiten sahen, aber im Endeffekt waren es die Frauen die die Probleme erkannten, würdigten und Abhilfe schafften. 1848 wurde in Berlin der Frauenbildungsverein gegründet. Die deutschen Arbeitervereine haben dann während ihres

Vereinstages in Stuttgart 1865, aber auch bei anderen Gelegenheiten die Bestrebungen unterstützt und in einer Resolution das Recht der Frauen auf Arbeit bejaht, ebenso die Emanzipation der Frau „ ... zur Selbständigkeit und ernsten Pflichterfüllung" unter Beachtung von Selbsthilfe und Assoziation der Arbeiterinnen. Es ist deutlich, dass die Verwurzelung der beiden wesentlichen sozialen Bewegungen durch ein gemeinsames, liberales Gedankengut geprägt war. Das 19. Jahrhundert produzierte seine Frauenfrage vor dem Hintergrund von wirtschaftlicher Veränderung durch Industrialisierung, Arbeitsteilung und Bildung neuer sozialer Schichten. Während der französischen Revolution waren die Ziele dieser Frauenbewegung der Kampf für die Gleichstellung in allen Situationen (aktives und passives Wahlrecht und Zulassung zu allen öffentlichen Ämtern). Revolutionäre Frauenklubs wurden gegründet. Nun wurden alle Frauen berücksichtigt, da sich die wirtschaftliche Situation dermaßen verschlechtert hatte, dass die Familien der Frauen auch auf deren Erwerb angewiesen waren. 1869 schlossen sich alle bis dahin entstandenen Frauenvereine zu einem Dachverband zusammen. 1892 wurde die Zulassung von Mädchen zur Reifeprüfung an Jungengymnasien erreicht. Die Leistungen der Zeit ruhten jedoch weiterhin auf den Männern, die Frauen der Oberschicht hatten nur den Glanz und Erfolg zu repräsentieren, den ihre Männer errungen hatten. Aus den USA kam 1894 die Idee einer Dachorganisation der Frauenbestrebungen herüber, und am 29.3.1894 schlossen sich 34 Verbände mit dem Ziel der Verwirklichung der Kulturaufgabe der Frau zum „ Bund Deutscher Frauenvereine", dem BDF, zusammen und wählten Auguste Schmidt zur ersten Vorsitzenden. So mussten die ersten Mitglieder der Arbeiterbewegung, für die Durchsetzung der Belange und Forderungen der Frauen und für die Mitbeteiligung an den innerparteilichen Auseinandersetzungen geradestehen. In dieser Arbeiterbewegung wurde die Gleichheitsforderung, wie sie in der amerikanischen Unabhängigkeitserklärung und der französischen Revolution gefordert wurde, ausgedehnt. Im Deutschen Reich durften Frauen bis zur Jahrhundertwende nicht studieren. 1893 wurde die Zulassung des Studiums für Frauen gefordert. 1900 gestattete Baden daraufhin als erstes deutsches Bundesland Frauen das Studium. Mitte 1870 bahnte sich eine Änderung in der Haltung zur Frauenfrage an, da zum ersten Mal von der gesamten Arbeiterorganisation Forderungen für die Frauen erhoben wurden, wie z.B.: gleicher Lohn, Arbeiterinnenschutz und das Wahlrecht (1895).

Arbeitslöhne erwerbstätiger Frauen im Vergleich zu den Männern:

1890 erhielten wöchentlich	Männer	Frauen	
(in DM)			
In der Spitzenfabrikation	20,00-35,00	7,00-15,00	
In einer Zuckerfabrik	10,50-31,00	7,50-12,00	
In den chemischen Fabriken	8,50-25,0	7,50-10,00	
In einer Fabrik für Papierlaternen	16,00-22,00	7,50-10,00	(1)

Clara Zetkin, die Gründerin der proletarischen Bewegung, organisierte die jährlichen Internationalen Frauentage und war in die sozialistische Arbeiterpartei mit eingebunden. In Bern fand eine internationale sozialistische Frauenkonferenz unter ihrem Einfluss statt, die ein Manifest mit der Forderung der Kriegsbeendigung und der sozialistischen Revolution beschloss. Clara Zetkin war zunächst Sozialdemokratin, baute dann die sozialistische Frauenbewegung auf, wurde später zur Mitbegründerin der Spartakusgruppe und der USPD. Von 1917-1929 war sie Mitglied des ZK der KPD und wurde 1932 Alterspräsidentin des Reichstages. Im vorigen Jahrhundert hatten die Frauenbewegungen fast nur im Bildungs- und Berufssektor Erfolge und erhielten erst im zwanzigsten Jahrhundert das langerkämpfte Immatrikulationsrecht.

2.3: Erster Weltkrieg

Am 15.5.1908 wurde endlich die Vereinsfreiheit in Kraft gesetzt, so dass Frauen endlich Parteimitglieder werden konnten. In einigen Parteien entstanden weibliche Gruppierungen, die die Anliegen der Frauenbewegung vertraten. Während des ersten Weltkrieges, durch den die Frauenerwerbsarbeit zunahm, spalteten sich die Frauenvereine in Kriegsbefürworterinnen und Kriegsgegnerinnen, was schließlich zum Untergang der Frauenvereine führte. Durch die Umwälzungen und Notwendigkeiten des 1. Weltkrieges, sowie der Einbeziehung der Frauen in die Produktion, nahm die Frauenarbeit und somit die gesamte Integration der Frau in Politik und Gesellschaft zu. Deshalb ist es wohl dem Krieg zu verdanken, dass die Frauen am 12.11.1918 das Stimmrecht von den Volksbeauftragten der SPD und der USPD erhielten. Die SPD vor allem war es, die als erstes die Forderung der Gleichberechtigung erhörte und in ihr Programm aufnahm. 1919 schloss sich Clara Zetkin der von Rosa Luxemburg und Karl Liebknecht gegründeten KPD an und wurde eins der radikalsten Mitglieder. Mit der Gründung der Kommunistischen Partei Deutschlands vollzog sich die Spaltung der Proletarischen Frauenbewegung, die kurze Zeit vorher von Luise Tietz geleitet wurde. Durch die Mitglieder des radikalen Flügels der bürgerlichen Frauenbewegung wurde 1902 der „Verband für Frauenstimmrecht" gebildet, dem es gelang, eine Resolution durchzusetzen, in der das Frauenstimmrecht gefordert wurde. Als 1917 der Streit um das allgemeine Wahlrecht einsetzte, wurden die Forderungen der Frauen besonders laut. Als der totale Krieg ausgerufen wurde, war das größte Problem für Industrie und Landwirtschaft die Beschaffung von Arbeitskräften. Da die meisten Männer im Krieg benötigt wurden, verschaffte man sich nun Arbeitsreserven durch die Heranziehung von Frauen, Jugendlichen, Invaliden und Kriegsgefangenen. Diese mussten unter extremen Bedingungen arbeiten, da 1916 von Luddendorf eine Verdoppelung der Munitionszufuhr und eine Verdreifachung der Lieferung von Maschinengewehren und Geschützen bis zum Jahre 1917 gefordert wurde und so das Produktionstempo wesentlich erhöht werde musste. (1)(2)

3. Einführung des allgemeinen Frauenwahlrechts in Deutschland:

3.1: Das Rätesystem

Unter der Führung der KPD wurde das Rätesystem errichtet, scheiterte aber bald schon in der Novemberrevolution. Es wurde eine direkte Demokratie auf der Basis von einzelnen Betrieben und Truppenteilen errichtet und diente als Organ der Revolution. Die Arbeiter- und Soldatenräte bildeten dabei den Rätekongress, der seinerseits im Vollzugsrat seine Spitze bildete. 1918 wurde offiziell der Rat der Volksbeauftragten als Regierung anerkannt und übertrug im Februar seine Kompetenzen auf die Nationalversammlung. Über private und staatliche Betriebe über Regierungen, Verwaltungen und Militärbehörden aller Ebenen hatte sich ein locker geknüpftes Netz aus revolutionären Gremien gelegt, das vom Rat der Volksbeauftragten über die Revolutionsregierungen in den Bundesstaaten bis zu den regionalen und lokalen Arbeiter- und Soldatenräte reichten. Es stützte sich auf die bewaffnete Macht der Soldaten, die Streikmacht der Arbeiter und die Demonstrationsmacht der Massen. In diesem provisorischen Gebilde aus alten und neuen Strukturen dominierte die MSPD. Hinter ihr standen die meisten Arbeiterräte und fast alle Soldatenräte. Ihr Parteiapparat bildete in Verbindung mit den Gewerkschaftsorganisationen ein eigenes, ausgedehntes Kommunikations- und Kooperationsnetz. Durch die Zusammenarbeit mit der USPD und in ländlichen Städten auch mit bürgerlichen Katholiken und Liberalen hatte die MSPD die linksradikale Minderheit, namentlich die Ihr Parteiapparat bildete in Verbindung mit den

Gewerkschaftsorganisationen ein eigenes, ausgedehntes Kommunikations- und Kooperationsnetz. Durch die Zusammenarbeit mit der USPD und in ländlichen Städten auch mit bürgerlichen Katholiken und Liberalen hatte die MSPD die linksradikale Minderheit, namentlich die Spartakisten, fast völlig aus den Räten heraushalten können. Die Geburtsstunde des Frauenwahlrechts in Deutschland war am 12.11.1918, an dem der Rat der Volksbeauftragten verkündete: „ Alle Wahlen zu öffentlichen Körperschaften sind fortan nach dem gleichen, geheimen, direkten, allgemeinen Wahlrecht ... für alle mindestens 20 Jahre alten männlichen und weiblichen Personen zu vollziehen."(1)

3.2: Die Nationalversammlung von 1919

Die erste Nationalversammlung, an der Frauen das aktive und passive Wahlrecht erstmals einsetzen konnten, fand vom 6.2.- 30.9.1919 in Weimar statt, wo die Nationalversammlung den Versailler Vertrag annahm, die erste Weimarer Verfassung beschloss, Ebert zum Reichspräsidenten wählte und das erste Reichskabinett unter Scheidemann bildete.(1)

3.3: Die Weimarer Republik

Während der Weimarer Republik erhielten die Frauen starke sozialistische Impulse. Das deutsche Reich wurde zu einer parlamentarischen Republik und ein Bundesstaat, mit einer demokratischen Verfassung, nach der alle Staatsgewalt vom Volk ausging. Am 31. Juli 1919 wurde die Weimarer Verfassung angenommen und nach der Unterzeichnung des Reichspräsidenten am 14.8.1919 veröffentlicht. Dort stand zu lesen, dass Frau und Mann die gleichen Rechte und Pflichten zustanden, die Volkssouveränität und die Grundrechte. Nun gab es einen Bundesstaat mit einem vom Volk aus gewählten Präsidenten, einem Reichstag aus gewählten Abgeordneten und einem Reichsrat aus Vertretern der einzelnen Länder. Der Nationalversammlung gehörten 41 Frauen, 9,6% aller Abgeordneten, an, die eine Reihe von Frauengesetzen durchsetzte. Die sozialdemokratisch ausgebildete Partei, das Zentrum und die „Weimarer Koalition", stellten zunächst die Regierung und bestimmten maßgebend das Verfassungswerk. Die Weimarer Verfassung ging von dem Gedanken der Volkssouveränität aus und schuf eine parlamentarische Demokratie. Durch die Inflation und die zunehmende Verschlechterung der Wirtschaftslage wurden die inneren Gegensätze verschärft und es bildeten sich Regierungen, die sich nur noch auf eine Minderheit im Parlament stützen konnten. Nachdem ein Ermächtigungsgesetz angenommen wurde, gelang es, die Inflation zu überwinden und die Währung zu stabilisieren, so dass die schwere innere Krise bald überwunden war. Während der zweiten Hälfte der Weimarer Republik errang die Regierung so manchen außenpolitischen Erfolg, was allerdings nicht verhindern konnte, dass es innenpolitisch immer mehr Konflikte gab.

Zu den Wahlen von 1919 allgemein:

19.1.1919 fanden in Deutschland die ersten wirklich allgemeinen Wahlen statt, da an ihnen erstmals Frauen teilnehmen durften. Sie besaßen nun ebenfalls wie die Männer das aktive und das passive Wahlrecht. Wahlberechtigt war jeder Staatsbürger ab 20 Jahren, das Wahlalter wurde somit um 5 Jahre heruntergesetzt. Gewählt wurde nach dem Verhältniswahlrecht, da man glaubte, nur es verspräche eine Zusammensetzung des Parlaments getreu der wirklich im Volk vorhandenen politischen Einstellungen. Die Wahlbeteiligung lag damals bei etwa 83%, was ca. 36,7 Mio. Wählern entsprach. Das Wahlergebnis, (siehe unten) zeigte den deutlichen Willen des Volkes gegen die Fortsetzung einer sozialistischen Koalition. (1)

Das Wahlergebnis:

Parteien	Stimmenanzahl (Mio.)	Stimmenanteil (in Hdt.)	Mandate	
DNVP	3,121	10,3	44	
DVP	1,346	4,4	19	
Zentrum	5,980	19,7	91	
DDP	5,642	18,6	75	
SPD	11,509	37,9	163	
USPD	2,317	7,6	22	
Sonstige	0,484	1,3	7	(2)

Es kandidierten 310 Frauen, von denen 41 (9,1% allerAbgeordneten) gewählt wurden. Allerdings konnten sie noch keine führenden Positionen erreichen. So bestanden ihre Hauptaufgaben im Parlament in der Auseinandersetzung mit sozialpolitischen Problemen. (1) Die Einführung des Frauenwahlrechtes wurde in vielen Kreisen wie in der ersten Rede von Marie Juchacz interpretiert: „Die Regierung habe den Frauen das gegeben, was ihnen bis dahin zu Unrecht vorenthalten worden ist".(1 a)

4. Ausblick:

4.1: Die Frauen während der NSDAP-Herrschaft

Durch die Radikalisierung und Weltwirtschaftskrise seit 1929 wurde die Weimarer Republik geschwächt, die daraufhin 1933 von Hitler beendet wurde und nationalistisch ausgerichtet wurde. Mit der NSDAP-Herrschaft kam das Ende für die politisch engagierte Frau. Der Hausfrauen- und Mutterberuf wurde von der NS- Regierung besonders angepriesen, und nur dort konnten die Frauen Ansehen und Wertschätzung erlangen. Das Naziregime vertrat die Meinung, dass die Frau in den Angelegenheiten des Mannes nichts zu suchen habe, deshalb durften auch keine weiblichen Abgeordneten mehr in die Parlamente geschickt werden. Aus diesem Grund löste sich der Bund deutscher Frauenvereine frühzeitig auf, um so der Gleichschaltung zu entgehen. Auch wurde den Frauen die Habilitation an Universitäten und Hochschulen untersagt und die Berufe des Richters und der Rechtsanwältin verweigert. Für die Mädchen wurde der „Bund deutscher Mädchen" eingeführt, sowie ein Pflichtjahr für alle Frauen unter 25 Jahren, während dem sie im Haushalt oder in der Landwirtschaft zu arbeiten hatten. Ebenfalls mussten sie vielfach die Arbeiten, der in den Krieg gezogenen Männer übernehmen, was jedoch letztlich zu einem erneuten Durchbruch zur Gleichstellung der Frau führte.

4.2: Die heutige Situation der Frauen:

4.2.1: National

Mehr als 50 Jahre danach erinnert der Niedersächsische Landtag am Donnerstag, den 19.2.1999, an ein denkwürdiges Datum, da vor genau 80 Jahren die erste Frau, Marie Juchacz, im deutschen Landtag die erste Rede hielt. Dies war ein erstaunlicher Schritt, da Parteien noch heute männliche Einrichtungen sind, mit „Stammtisch und Schulterklopfen", ließ die Geschäftsführerin der Expo 2000, Birgit Breuel, in der Landtagspublikation zu „Frauen im Parlament" verlauten (1), obwohl folgende Meinungen zur Gleichberechtigung schon veröffentlicht worden sind:
- Frauen sollen so stark in einflussreichen Positionen vertreten sein, wie es ihrem Anteil an der Gesamtbevölkerung entspricht (50%).

- Frauen sollen in bestimmten Berufsgruppen so stark vertreten sein, wie es ihrem Anteil an der Gesamtbevölkerung entspricht.

- Frauen sollen in Verbänden, Parteien und Vereinen mindestens so stark in den Vorständen und Beschlussgremien vertreten sein, wie es ihrer Mitgliederzahl entspricht (M 90(2)).

- Gleicher Lohn für gleiche Arbeit.

Ebenfalls existieren heute Schutzgesetze, wie das Frauenschutzgesetz und das Mutterschutzgesetz. Entsprechend zu diesen Beschlüssen stieg die Zahl der Studentinnen von 1908-1994 von 2 auf etwa 45% an den Universitäten. Auch haben die Frauen meist bessere Abschlusszeugnisse als die Männer. Gerade deswegen ist es verwunderlich, das mehr Männer als Frauen in hohen Berufspositionen anzutreffen sind. Doch hier wurde nachgewiesen, das es daran liegt, dass die Frauen immer noch so erzogen werden, dass sie sich anzupassen haben (M 69 a (2)). Verglichen mit anderen Ländern ist die Frauenarbeitsquote in Deutschland nicht gerade sehr hoch mit ihren 61%. In Schweden sind es etwa 75% allerdings sind es in Italien nur ganze 44% aller Frauen, die Erwerbstätig sind (M 70(2)). Heute gilt in Deutschland der in Artikel 3 des im Grundgesetz formulierten Gleichheitsgrundsatzes zwischen Frau und Mann: „Männer und Frauen sind gleichberechtigt. Der Staat fördert die tatsächliche Durchsetzung der Gleichberechtigung von Frauen und Männern und wirkt auf die Beseitigung bestehender Nachteile hin." Insgesamt ist sie Basis der heutigen europäischen Verfassungsbewegung und des Rechtsstaates. Mitte 1960 entstanden im Zusammenhang mit der amerikanischen Bürgerrechtsbewegung und der europäischen Studentenbewegungen neue Frauenbewegungen, die sich allerdings in erster Linie als feministische Frauenbefreiungsbewegungen verstehen. Heute sind in der Bundesrepublik etwa ein Drittel aller Frauen berufstätig. Dennoch ist der Anteil der berufstätigen Frauen in besser bezahlten und qualifizierten Branchen relativ gering, was nicht zuletzt am Widerstand der Männer liegt, einer Frau untergeordnet zu sein. 1994 waren 177 Frauen im Parlament vertreten, das entspricht 26,3% aller Abgeordneten, allerdings ist es im Vergleich zur Nationalversammlung von 1919 eine gewisse Steigerung, denn damals waren lediglich 8,7%, 37 Frauen vertreten. An diesen Zahlen können wir erkennen, dass noch heute die Frauen wesentlich unterpräsentiert sind. Die Hauptursache dafür liegt mit höchster Wahrscheinlichkeit in der Mitgliederstruktur der einzelnen Parteien und in der unterschiedlichen Bereitschaft der einzelnen Berufsgruppen, sich für ein Mandat im Bundestag aufstellen zu lassen.

4.2.2: International

In England ist Königin Elizabeth der Repräsentant im In- und Ausland und Oberhaupt des Anglikanischen Kirchenstaates, was sie zu einer auch international angesehenen Persönlichkeit macht. In Japan waren 1996 nur 4,6 % Frauen Abgeordnete des Unterhauses gewesen, womit Japan ähnlich schlecht abschneidet, wie Frankreich und Griechenland. Im heutigen Repräsentantenhaus sind 435 Abgeordnete vertreten, von denen 25 Frauen sind. Im Senat sind 100 Personen vertreten, von denen wiederum zwei Frauen sind. In Schweden sind 75% aller Frauen erwerbstätig, in Italien lediglich 44%. (1)

Literaturangaben:

1.) Reinhold „Soziologie-Lexikon", 3. Auflage R. Oldenbourg Verlag

2.) Heumann, „Geschichte für morgen", Hirschgraben

3.) „VON DER FRZ. REVOLUTION BIS ZUM NS", Buchners Kolleg Geschichte C.C. Buchners Verlag,

Bamberg

1992, 1. Aufl.

4.) „Frauen in Deutschland - Auf dem Weg zur Gleichstellung", Informationen zur politischen Bildung Nr.254,

1. Quartal 1997

5.) CD-ROM Meyers Lexikonverlag

6.) Hans Boldt, „Deutsche Verfassungsgeschichte", Band 2

7.) Meppener Tagespost, 19.2.1999

8.) Winand Breuer, Franz Josef, Karl Ernst, u.a., „Sozialstrukturen, Soziale Ungleichheiten, Soziale

Schichtungen", Sozialwissenschaften, Heft 9

9.) Gebhardt, Handbuch der dt. Geschichte, Bd. 18; K. D. Erdmann: „Der 1. WK", 9. neubearbeitete Aufl., Hrsg.

von H. Grundmann

10.) C. Koepcke, „Frauenbewegung, Zwischen den Jahren 1800 u 2000" G u L Heroldsberg bei Nürnberg

11.) R. Nave-Herz „Die Geschichte der Frauenbewegung in BRD", hrsg von der Niedersächsischen

Landeszentrale

für pol. Bildung, Hannover 1993

BEI GRIN MACHT SICH IHR WISSEN BEZAHLT

- Wir veröffentlichen Ihre Hausarbeit, Bachelor- und Masterarbeit

- Ihr eigenes eBook und Buch - weltweit in allen wichtigen Shops

- Verdienen Sie an jedem Verkauf

Jetzt bei www.GRIN.com hochladen und kostenlos publizieren